POURQUOI

LA PSYCHOLOGIE

INTEGRATIVE

Ou comment dépasser

les divisions d'écoles

Françoise Zannier

Intervention du Colloque de l'APSYEN de Tarbes

1er Juin 2016

Remerciements

*Je remercie l'APSYEN, particulièrement
Gaël Colin et Stéphane Turpin,
pour leur intérêt pour la Psychologie
Intégrative et pour leur accueil cordial lors du
Colloque du 1er Juin 2016.*

Table des Matières

1. Résumé des situations de rivalité et de conflit entre les disciplines..........p5

1.1. Causes historiques...............................p7

1.2. Causes politiques et
   institutionnelles............................p22

1.3. Causes épistémologiques et
   scientifiques.............................p42

2. Nécessité et intérêt d'un dialogue des disciplines.............................. p54

2.1. Sur le Plan épistémologique et théorique
....p54

2.2. Sur le Plan clinique et pratique...........p63

   2.2.1.Généralités...............................p63

   2.2.2.Intérêt des modèles.....................p69

   2.2.2.i.psychanalytique.........................p69

   2.2.2.ii.cognitivo-comportemental...............p73

   2.2.2.iii.systémique............................p78

   2.2.2.iiii. ethnopsychanalytique...................p82

2.3. Conclusion...p85

2.4. Annexes : Tableaux de comparaison des Techniques thérapeutiques.......................p87

Bibliographie...p91

1. Résumé des situations de rivalité et de conflit entre les disciplines

L'étude des divisions est aussi celle de l'intégration car elle en constitue le fondement.

C'est en analysant ces divisions qu'on peut mieux les comprendre et en tirer parti, comme il en est question dans l'intégration.

Les causes des divisions et par suite des conflits entre les disciplines, se recoupent plus ou moins entre elles, mais on peut distinguer 3 catégories :

1- des causes historiques
2- des causes politiques et institutionnelles
3- des causes épistémologiques et scientifiques.

On va donc voir ce qu'il en est de ces catégories.

1.1. Causes historiques

Les divisions convoquent notamment le fait que mal et maladie ont les mêmes racines. L'étymologie (cf origine la plus lointaine des mots) nous projette ainsi dans des questions de sens, de rapports au réel et de grilles de lecture, de langage et de construction des réalités.

Autrement dit, tout en nommant les choses, les mots renvoient à l'histoire des représentations et aux difficultés propres à celles-ci.

Classiquement en effet, une maladie est une altération de la santé s'inscrivant dans le champ du négatif, de la souffrance, du mal etc... mais la réciproque n'est pas forcément vraie.

Tout mal n'est pas nécessairement une

maladie au sens de la médecine somatique. Néanmoins, l'un et l'autre sont souvent confondus, bien que se rapportant à des réalités diamétralement opposées : matérielles et immatérielles, physiques et morales, ou psychiques.

Ainsi, dans le langage populaire, guérir un mal, des maux ou une maladie a souvent le même sens.

Cette polysémie occulte la dichotomie entre corps et esprit, et par suite, entre souffrance physique/concrète et souffrance morale /symbolique ou psychique.

En d'autres termes, l'ambigüité liée à la nature des faits et à leur nomination, soulève une question centrale et indéterminée dans de nombreux cas.

Cette question recouvre une division essentielle à partir de quoi, historiquement, 2 tendances tentent d'expliquer les comportements anormaux.

La 1ère tendance cherche dans l'âme ou l'esprit, les raisons des désordres. De tous temps, des superstitions, mythes et religions ont rapporté des faits anormaux, paranormaux, surnaturels, des péchés, malédictions, envoûtements, possessions, etc...
Parallèlement à cela, depuis le début du 20eS, le paradigme du psychisme est venu prendre une place essentielle à côté des autres formalisations de l'esprit (entendu comme l'ensemble des phénomènes et facultés psychiques).

En effet, ce paradigme a détrôné la psychologie comportementale et expérimentale - en ouvrant la «boite noire» pour reprendre l'expression consacrée - ainsi que les théories psychiatriques de certaines pathologies.

Les travaux de Freud sur l'hystérie à la Salpêtrière sont un des moments clés de cette histoire.

Brièvement, en montrant que certains symptômes ont un sens dont la parole du sujet doit être délivrée pour les faire disparaitre, la psychanalyse a institué un paradigme en rupture avec les formalisations antérieures de l'esprit.

L'autre tendance voit des pathologies somatiques dans les comportements anormaux auxquels elle cherche ipso facto des explications et des traitements biologiques.

Ainsi, pour les tenants de cette tendance, il n'y a pas d'autre réalité que physique ou biologique, comme le présuppose toute médecine au sens premier du terme.

De fait, depuis la Grèce ancienne, le savoir médical a expliqué une partie de ce que la société entend par «folie».

Par ailleurs, au siècle des Lumières, l'enfermement des fous dans les hôpitaux généraux[1] a fait place à une approche considérant la folie comme une maladie. Pinel (1809) est la figure symbolique de cette époque où la folie est devenue l'aliénation mentale, maladie unique nécessitant un traitement moral, outre l'isolement.

Avec la notion de traitement moral, la psychiatrie a tenté dès sa fondation d'établir des ponts entre le corps et l'esprit, pour ensuite demeurer divisée entre ces deux champs.

Cet œcuménisme a entretenu la confusion entre pathologies psychiques (ou morales) et

---

[1] Psychiatrie, Aymé J., Lantéri Laura G., Thurin M., Caroli F., Encyclopédie Universalis, 2004, cf fondation de l'Hôpital Général de Paris en 1656

pathologies mentales (ou physiques), de sorte que dans la psychologie du sens commun, la psychopathologie est souvent perçue comme relevant de la biologie, suivant une équation du type : folie = maladie.

En tout état de cause, les thèses biologiques ont toujours dominé en psychiatrie car les pathologies mentales organiques (psychoses alcooliques, toxiques, monstruosités,...) occupent une place importante dans cette institution dont l'hôpital-asile demeure le principal représentant.

Il y a aussi un grand nombre de cas d'origine indéterminée (organique vs psychique) nécessitant une prise en charge, comme l'arriération mentale profonde par exemple, ou encore des cas de dépression, psychoses[2],

---

[2]"Les symptômes dépressifs ou psychotiques ne

etc...

Par suite, la notion de maladie mentale prévaut toujours en psychiatrie malgré le paradigme du psychisme, autrement dit l'énorme corpus de connaissances interdisant la réduction des pensées et des états d'esprit à leur organe producteur.

Au-delà des concepts et de la terminologie, il s'agit de voir ici l'importance historique de la psychiatrie, première et principale institution en charge de la psychopathologie.

En outre, la psychiatrie biologique est aussi l'héritière du positivisme dans lequel les faits observables sont le seul critère de la réalité.

Pour cette raison, les comportements observables sont saisis comme ayant nécessairement des causes observables, des

correspondent pas plus dans l'état actuel de nos connaissances à une maladie caractérisée que la douleur ou la fièvre dont les causes peuvent être multiples..." Le déni du psychisme dans la psychiatrie contemporaine, E. Zarifian, Psychiatrie Française, 1999, vol.30, n°1 faits biologiques en l'occurrence.

Ainsi, la parabole de la panne dans le moteur (E. Roudinesco) domine 'd'autant plus en psychiatrie que l'esprit est réduit au corps, lui-même réduit à des observables.

Pour compléter ce tableau, l'indétermination des causalités physique et psychique explique le flou et le caractère partiel ou partial de certains travaux, ainsi que l'existence de plusieurs thèses pour une même pathologie dans certains cas, neurobiologiques et génétiques notamment.

Le débat entre l'inné et l'acquis est d'autant plus inclôturable que la génétique intègre l'environnement au niveau du phénotype[3]. Ainsi, les psychothérapies agiraient au niveau phénotypique des gènes sans que les

[3] Retour vers le phénotype - Les gènes existent-ils ?, Jean Jacques Kupiec, http://www.psychologue--paris.fr/textes/les-genes-existent-ils.pdf

mécanismes fins de cette action soient expliqués.

Tout cela explique l'utilisation abondante du conditionnel dans les rapports de recherches médicales et le fait que certaines thèses s'appuient sur des raisonnements contestables[4].

En d'autres termes, la conjoncture évoquée est renforcée par des enjeux politiques dont la médicalisation des existences fait partie (R. Gori).

Par ailleurs, certaines questions de politique générale ont des retentissements en politique professionnelle. En effet, la psychiatrie a pour rôle de traiter les pathologies, mais aussi le cas échéant, de protéger, contenir,

---

[4] Par exemple l'inversion des effets et des causes dans la thèse de l'hyperdopaminergie prise comme cause des délires à partir des effets de la chlorpromazine, cf D. Widlöcher

normaliser, etc... des patients présentant un danger pour eux-mêmes et pour autrui, c'est-à-dire pour l'ordre public.

En d'autres termes, la suture médico-légale des pouvoirs psychiatrique et politique éclaire aussi les rapports de forces et les divisions.

Dans ce contexte, le monopole du remboursement des consultations et des prescriptions d'arrêt de travail réservé aux psychiatres, témoigne de la prépondérance du pouvoir médical et par conséquent des thèses biologiques alors même que de nombreuses difficultés ne nécessitent pas particulièrement de traitements médicaux (cf pathologies légères, psychopathologie ordinaire, ...).

Chez les patients, cette situation renforce la confusion évoquée entre pathologies psychiques et mentales en les orientant préférentiellement vers les psychiatres pour des raisons économiques et pragmatiques.

Quoi qu'il en soit, l'instauration du psychisme par la psychanalyse a permis de décrire de manière systématique[5] un domaine de réalités distinctes de la biologie.

Freud a épinglé le fait que la réalité psychique est une forme d'existence particulière à ne pas confondre avec la réalité matérielle, même si l'histoire tente de le faire oublier depuis le DSM III en particulier (1980).

En résumé, l'instauration du psychisme est la rupture première et la principale division à partir de laquelle d'autres ont suivi. Par suite, la psychopathologie concentre en elle-même les oppositions liées à ses objets. Le terme Psychiatrie est lui-même paradoxal (médecine de l'âme) puisque la médecine ne

---

traite en principe que des pathologies biologiques ayant des témoins fiables. C'est d'ailleurs pourquoi dès qu'un témoin biologique est identifié en psychiatrie, la pathologie rejoint la neurologie (Philippe Pignarre).

La conjoncture venant d'être retracée constitue le noyau principal des divisions, à partir d'une psychopathologie écartelée entre les diverses approches de l'esprit. Pour cette raison, la psychiatrie biologique a toujours cohabité - successivement ou simultanément - avec la psychiatrie phénoménologique, la psychanalyse, l'antipsychiatrie, la psychothérapie institutionnelle, les psychothérapies, etc... Ainsi, plusieurs paradigmes ont toujours coexisté dans ce champ (Georges Lanteri Laura), terreau de nombreuses divisions, même si les rapports de forces principaux n'ont pas changé pour les raisons évoquées.

Par ailleurs enfin, dans le sillage de la psychanalyse, l'expansion des savoirs a engendré un foisonnement d'écoles et de théories, sans que les DSM aient résolu les difficultés liées à cette diversité, tout en se prétendant a-théoriques et capables de résoudre les problèmes de fidélité inter-juges.

En effet, sous l'impulsion de psychanalystes a eu lieu l'émergence de la psychologie clinique (Lagache et Favez Boutonnier), des psychothérapies cognitivo-comportementales (Beck et Ellis) et de l'ethnopsychanalyse notamment (Devereux et Roheim). De même, l'école systémique se réfère à la psychanalyse parmi d'autres modèles (Watzlawick) et enfin bien sûr, le courant intégratif.

En outre, de nombreuses écoles ont été créées par des dissidents de Freud (jungienne, reichienne, gestalt de Perls, AT d'E. Berne, etc...).

Plus généralement, le paradigme du psychisme a essaimé de la psychanalyse à la pédagogie en passant par la psychiatrie, la psychologie clinique, les psychothérapies et le mouvement du potentiel humain.

Ce développement a engendré l'émergence d'une nébuleuse d'écoles monodisciplinaires travaillant essentiellement sur des bases empiriques et dans un esprit de chapelle, autour d'un seul ou quelques promoteurs.

Tout ceci pointe notamment la dépendance de ces écoles vis-à-vis d'ontologies[6] et de langages variables suivant les auteurs. En conclusion de ce retraçage historique, on

---

[6] Critères explicatifs cf jugement d'existence et d'attribution

retiendra que le développement des écoles de psychopathologie - à partir de la psychiatrie - est allé de pair avec leurs divisions, ce développement engendrant naturellement aussi des luttes de pouvoir.

Comme on va le voir plus en détails, ce développement est lié à des enjeux politiques et institutionnels, tout en étant basé sur des divergences épistémologiques et théoriques par ailleurs.

1.2. Causes politiques et institutionnelles

Le développement des théories psychologiques et des psychothérapies s'est réalisé de manière disparate, d'autant plus que sur le plan politique et institutionnel, il est impossible de maîtriser complètement et rapidement des faits sociaux de cette importance.

En d'autres termes, outre qu'il n'a pas vocation à tout contrôler, le pouvoir d'Etat est régulièrement dépassé par des faits précédant les lois ou les remettant en question.

C'est pourquoi les réglementations interviennent pratiquement toujours dans l'après-coup, des années voire des décennies plus tard, comme cela s'est passé pour le titre de psychothérapeute en 2004, sans régler pour autant toutes les difficultés. C'est ainsi que les psychothérapeutes ne pouvant prétendre au titre, ont été rebaptisés psychopraticiens notamment.

C'est dire ici qu'au plan social autant qu'individuel, ce qui échappe à la maîtrise ou au pouvoir est un objet d'étude privilégié pour tenter de comprendre et d'expliquer les faits.

En l'occurrence, si les politiques libérales encadrent souvent insuffisamment les libertés[7], il est certain que dans les domaines importants, l'équilibre entre excès et insuffisance est aussi souvent difficile à trouver.

En risquant une comparaison, on dira que comme l'Éducation, la Politique doit trouver sa voie *entre* le Scylla du *laisser faire* et le

---

[7] On dira que l'Etat ne peut pas tout faire, ceci étant un autre et vaste sujet

Charybde de l'interdiction, ceci évoquant l'impossibilité de gouverner épinglée par Freud, outre les missions d'éduquer et psychanalyser.

Au-delà de ces généralités, les savoirs ne sont pas produits par les seuls professionnels, mais au sein d'institutions différentes dans leurs organisations et modes de fonctionnement (des universités aux cabinets privés en passant par des associations, syndicats professionnels, écoles privées, etc...).
Là aussi, certains aspects structuraux du cadre permettent de saisir les déterminations des divisions.

Dans le domaine des psychothérapies, les écoles et les disciplines forment une mosaïque d'entités ne communiquant pas ou peu entre elles (à l'exception des écoles systémique et intégrative) sinon pour se démarquer les unes des autres, dans un contexte de compétition stimulé par le libéralisme économique et par des théories dans l'air du temps, comme le darwinisme social notamment.[8]

Dans ce contexte, l'esprit de chapelles traduit un isolement des professionnels du à des barrières sociales renforçant les difficultés de communication, quand elles ne l'interdisent pas.

La concurrence et la compétition des écoles sont en effet déterminées par le système socio-économique de production des savoirs, autant voire plus que par les ambitions des écoles elles-mêmes.

---

[8] Dans cette théorie, le procédé déjà cité de réduction des faits culturels ou psychiques à des faits biologiques, ferme une discussion qu'il faudrait au contraire ouvrir.

A défaut, cette théorie exerce une violence symbolique faisant admettre pour légitime une production arbitraire, tout en occultant ce caractère arbitraire (P. Bourdieu).

A l'appui de cette thèse, les attentes des caisses d'assurance par exemple, outre celles des instances gouvernementales, expliquent en partie cette conjoncture.

En effet, les besoins d'ordonner, trier et classer sont caractéristiques de l'Administration, en même temps que d'importants moyens de pression. En d'autres termes, les questions de reconnaissance sociale sont d'autant plus contraignantes que le contexte est compétitif.

Comme conséquence directe ou indirecte, dans les écoles monodisciplinaires, toute référence à une théorie extérieure est souvent perçue comme non pertinente donc indésirable.

A contrario pour réussir, il s'agit d'acquérir le langage propre à une école, l'identité de chacune se repérant essentiellement dans ce langage.

Pour ces raisons, les étudiants et les professionnels sont plus souvent préoccupés par leur projet de carrière au sein d'une école, que par la cohérence interne de leur champ de savoirs.

Trivialement, ils cherchent plus fréquemment à obtenir une place en se coulant dans le moule d'un maitre (A. Costes) qu'à exercer leur esprit critique pour tenter d'améliorer le cadre et les pratiques instituées.

En tout état de cause, la prolifération des théories psychologiques témoigne de l'absence de convergences entre les écoles monodisciplinaires[9] et de carences dans la structuration de ce champ en particulier.

Concrètement, dès lors que la psychanalyse a engendré une rupture avec la psychiatrie et

---

[9] La médecine est elle-même divisée mais beaucoup moins que la psychologie. Ainsi, médecine nutritionnelle et médecine allopathique par exemple, sont des spécialités nettement différenciées.

la psychologie expérimentale[10], la porte s'est ouverte à des théories reflétant les croyances et les valeurs de leurs auteurs, autant et parfois plus que les critères classiques de l'objectivité.

Ainsi, Jung par exemple, utilise les notions d'âme et de Dieu comme concepts explicatifs, alors que la science exclut par définition toute croyance ou notion religieuse (sauf au titre d'opérateur psychique).

En outre, comme pour rajouter du désordre aux désordres, la non-réglementation de l'exercice de la psychologie (seuls les titres de psychologue et psychothérapeute sont réglementés) a favorisé le développement d'un marché du Psychospirituel, où plagiats et charlataneries sont des pratiques courantes tout en étant peu repérables par

---

[10] behaviorisme, méthodes quantitatives, statistiques, etc...

des profanes.

Des théories suprématistes à visée commerciale en particulier, détournent le public des meilleures sources de savoir[11].

Corolairement à tout cela, rares sont les auteurs questionnant les réquisits des sciences[12], d'autant que ce n'est pas mis en avant dans la plupart des formations.

Ainsi, à l'Université, les cours d'épistémologie sont dispensés pendant le cursus de thèse (post-Bac+5) que relativement peu d'étudiants atteignent.

Pourtant, épistémologie, théorie et pratique ont partie liée de manière essentielle, tout en

---

[11] "Si la science produit des faits, le scientisme invente des promesses qu'il ne tient jamais : promesses de guérison ou d'éradication de la souffrance, promesses de bonheur et d'immortalité." Le cerveau psychique, E. Roudinesco, Le Monde, Article paru dans l'édition du 08.04.05

[12] Rien n'a changé depuis Binswanger disant qu'une science doit clarifier ses présupposés ou fondements philosophiques.

ayant des exigences propres.

Les questions d'inclusion/exclusion de ce qui fait science sont un questionnement majeur en particulier, même s'il est impossible de leur apporter des réponses uniques ou définitives.

C'est en tout cas un chantier important pour l'intégration, car ce qui vaut d'être intégré doit d'abord valoir comme science. En effet, toutes les théories ne se valent pas, quoi qu'en pense le relativisme culturel (ou multiculturalisme) faisant parfois office de science, ainsi que les divers charlatans, gourous, etc...

Autrement dit, le proverbe « vérité en deçà des Pyrénées, erreur au-delà » trouve ses limites dans ce qui est généralisable (pôle nomothétique vs pôle idiographique), toutes choses étant à préciser.

En tout état de cause, à l'inverse du

relativisme, le pari des sciences humaines est de se dégager de la doxa, c'est-à-dire des simples croyances ou opinions[13].

Il ne faudrait donc pas oublier cet enjeu dont nous sommes redevables vis-à-vis nous-mêmes autant que vis-à-vis des patients, clients, élèves, etc... [14].

A la décharge des écoles, la question des convergences entre les experts - donc entre les disciplines - n'est devenue centrale qu'à partir du DSM III (1980), lequel a tenté de constituer une réponse.

Par la suite, les débats autour des DSM ont au moins eu le mérite de mettre en avant cette question même s'ils ont surtout révélé

---

[13] Paul Valéry disait fort justement que « l'objet de la psychologie est de nous donner une idée tout autre des choses que nous connaissons le mieux. »

[14] En d'autres termes, l'horizontalité n'est pas de mise bien qu'étant parfois un instrument utile, car elle trouve ses limites dans des expertises existant autant que les méprises et les charlataneries en particulier, tout le problème étant de savoir les départager.

les difficultés de la méthode expérimentale[15] en Psychologie, les sciences humaines étant des sciences morales comme leur autre nom l'indique (cf Académie des Sciences Morales).

On comprendra ici que quelle que soit la lunette d'approche[16] (P. Legendre), les disciplines psychologiques sont plus sûrement des modèles volontairement proposés que des théories d'objets, car on ne saurait fabriquer des objets avec des significations (GG Granger)[17].

En effet, les objets de la psychologie n'existent pas à l'état naturel. Les opérateurs psychiques sont construits à partir de l'expérience clinique en particulier

---

[15] Cf la souffrance psychique ne s'observe pas et ne se mesure pas.

[16] La Fabrique de l'homme occidental, Pierre Legendre, Ed. Arte, 2000.

[17] Epistémologie, Gilles Gaston Granger, Encyclopédie Universalis, 2004 (Les modes de fonctionnement et de dysfonctionnement psychologique décrits par les théories sont en effet des modèles et non pas des états naturels).

(métapsychologie).

C'est pourquoi la variabilité des concepts et de leurs significations permet de multiples formulations, en même temps que des erreurs, déformations, amalgames, etc... Malgré cela ou plutôt à cause de cela, les modèles de psychologie sont un patrimoine culturel essentiel nécessitant être protégé, autrement dit des constructions utiles et opérationnelles, sous certaines conditions. De ce point de vue, on peut faire le vœu qu'une réglementation de l'exercice soit instituée et certaines formations renforcées, même si c'est un vœu pieu. Il s'agit notamment de faire valoir que la psychologie clinique n'est ni une province des sciences naturelles (J. Lacan), ni un quelconque discours pseudo-scientifique, ni la psychologie du sens commun.

Outre ces difficultés d'ordre général, les

clivages d'écoles ont des raisons locales.

En effet, dans chaque département de psychologie existe une culture liée à son histoire, autant qu'aux décisions ministérielles régissant les UFR.

Cette culture favorise certains travaux plutôt que d'autres, tout ceci évoquant la partie psychotique du cadre ou des institutions (J. Bleger).

Autrement dit, les clivages d'écoles sont incarnés par des générations entières d'enseignants et par les filiations entre celles-ci. Ainsi, les traditions locales orientent les choix de recherche et font barrage à certains sujets au lieu de les encourager comme la neutralité scientifique l'exigerait.[18]

Dans ce contexte, les clivages d'écoles engendrent des tensions jamais éteintes entre les psys, toutes choses rappelant que

---

[18] C'est pourquoi tout changement important nécessite beaucoup de temps, outre des conditions particulières.

la guerre c'est la guerre des hommes, tandis que la paix c'est la guerre des idées (V. Hugo).

En d'autres termes, si l'état naturel de l'homme c'est le conflit, et s'il n'a rien de mieux à faire qu'à essayer de se mettre en accord avec lui-même (S. Freud), ce programme apparait autant extérieur qu'intérieur.

En effet, les divisions d'écoles induisent et renforcent les divisions entre pairs, du même pas qu'elles cherchent à répondre aux questions ou divisions de chacun(e). [19]

En tout état de cause, les écoles de psychologie - psychanalyse comprise- n'en sont pas moins des contre-pouvoirs importants par rapport à la psychiatrie biologique.

---

[19] Trivialement, il y a parfois beaucoup d'intolérance et de sectarisme dans les écoles monodisciplinaires.

Autrement dit, leurs modèles explicatifs traitant le psychisme en tant que tel, sont opposés aux modèles biologiques, tout en étant souvent complémentaires sur le plan pragmatique.

Toutefois, comme si tout cela ne suffisait pas, c'est le volet politique plus récent, les clivages d'écoles ont été exacerbés depuis les années 80 par des politiques hégémoniques engendrant la consécration des DSM et des TCC dans ce qu'il faut bien appeler le marché de la psychopathologie.

C'est ainsi que pour de nombreux psys, les DSM sont devenus des manuels de psychopathologie.

En d'autres termes, sous couvert de neutralité théorique, l'idéologie DSM portée par les multinationales pharmaceutiques (et la puissante APA) a rétabli la dominance de la psychologie expérimentale (descriptive et quantitative), devenue cognitivo-comportementale, corrélativement à celle de la psychiatrie.

Pour conforter ces approches, les traitements biologiques sont considérés comme moins coûteux par les pouvoirs publics, bien qu'entrainant des dépenses colossales liées aux problèmes de surconsommation, chronicisation, iatrogénie etc.

Enfin, l'alliance des sciences expérimentales (biologie, psychiatrie et psychologie comportementale) s'est aussi manifestée lors de l'expertise INSERM de 2004 (Psychothérapies - 3 approches évaluées) concluant la supériorité des TCC à partir de méta-analyses quantitatives.

En substance, les TCC s'accommodent parfaitement du découpage des comportements en items observables et quantifiables (variables) tandis que pour la psychanalyse, seul le sens fait sens, autrement dit le qualitatif, tout cela signifiant notamment que la souffrance psychique ne se mesure pas.[20]

En d'autres termes, pour les psychanalystes, toute quantification des symptômes pour en faire des objets homogènes, universels et comptables suppose un déni de la spécificité individuelle du psychisme dans sa dimension subjective (E. Zarifian[21]).

Quoi qu'il en soit, la compatibilité des paradigmes psychiatrie biologique/DSM/TCC

---

[20] A noter que les systémiciens n'ont pas réagi officiellement, sans doute parce qu'ils étaient moins attaqués, parce que les réponses des psychanalystes étaient satisfaisantes, et peut-être aussi pour ne pas renforcer le conflit.

[21] Quantification des symptômes en psychiatrie : évaluation, application aux traitements, conséquences en psychopathologie - Edouard Zarifian *[*]* - Soigner, enseigner, évaluer ?, Cliniques méditerranéennes n° 71, Ed. Eres, 2005.

les a propulsés en position dominante dans les Universités, haut lieu de la guerre des psys qui est une guerre des places, comme on l'a évoqué.

Ce résultat fut obtenu au prix d'une guerre sans merci avec la psychanalyse, dont le Livre Noir (de la Psychanalyse) et l'Anti-Livre Noir demeurent aussi des traces mémorables.

Pour conclure cette partie, on retiendra que les politiques d'objectivation et de quantification des symptômes, répondant à des impératifs économiques et politiques, se sont imposées depuis les années 80, avec l'exclusion des références psychanalytiques et de toute étiologie dans le DSM III basé sur le modèle biomédical.

A cet égard, on peut faire l'hypothèse que la crise du libéralisme durcissant la compétition entre écoles ou offres de soins, il est devenu d'autant plus question pour les laboratoires et les écoles de conquérir des parts de marché ou de ne pas en perdre, ceci revenant au même dans un tel contexte.

Dans ces conditions, la guerre des psys s'est propagée des années 80 jusqu'aux années 2000, marquées par les querelles autour du titre de psychothérapeute puis de l'expertise INSERM, pour devenir ensuite plus latente, avant de ressurgir lors des polémiques autour de l'autisme.

Ces conflits ont montré comment des enjeux politiques et institutionnels parviennent à supplanter les enjeux cliniques dans certaines circonstances, alors que l'objectivité et la rationalité scientifiques exigeraient plus de modération et de pondération.

C'est ce qu'on va voir maintenant plus en détails.

1.3. Causes épistémologiques et scientifiques

D'abord quelques rappels :

- L'épistémologie est la théorie de la science et des questions liées à son développement. De ce point de vue, les divisions entre les disciplines renvoient aux paradigmes ou présupposés philosophiques des théories[22].

L'étude des paradigmes épistémologiques montre que les questions ontologiques[23] concernant les sciences ne sont pas tranchées même si beaucoup le croient ou portent à le croire : le plus souvent on fait «comme si», par méconnaissance ou par convention.

---

[22] Position meta ou discours sur.
[23] Ce qu'elles sont, devraient être et ne sont pas.

- En second lieu, le positivisme et le projet mathématique du monde[24] s'incarnant dans les sciences expérimentales, occupent une place importante en psychologie clinique, pour les raisons historiques, politiques et institutionnelles, évoquées précédemment.

Plus précisément, la confusion entre les mathématiques vues comme seul étalon scientifique authentique et la science à proprement parler, alors qu'il s'agit d'un choix épistémologique et non pas scientifique en lui-même, présente des difficultés peu banales, comme on l'a vu lors de l'expertise INSERM[25].

---

[24] Remontant à Descartes et engendrant ce qu'on appelle parfois la dictature des chiffres

[25] L'idée qu'il faut un instrument extérieur de validation d'une théorie, pour imposer les méthodologies quantitatives ou mathématiques en psychothérapie, est spécieuse et arbitraire pour plusieurs raisons. D'abord parce que la disparition des symptômes est le seul élément réellement extérieur à la théorie du thérapeute, autrement dit factuel. Ensuite parce que les observables

Cette conjoncture révèle l'imbrication des différents ordres de réalités (épistémologique, historique, politique,..), autrement dit l'artifice de la mise en boite des sciences dans des disciplines séparées (M. Heidegger) en regard de la vie réelle.

On s'aperçoit notamment que dans les sciences humaines comme ailleurs, il en va souvent de rapports de forces, autrement dit du pouvoir des acteurs ou collectifs d'acteurs, d'où l'importance des aspects politiques et éthiques en particulier.

---

en question sont conventionnelles (c'est par convention qu'on « observe » et « mesure » l'anxiété d'un sujet). Enfin parce que l'état intérieur d'un évaluateur étant lui-même sujet à fluctuations, les évaluations quantitatives ne sont pas fiables, c'est-à-dire fidèlement reproductibles.
Voir l'article Quantification des symptômes en psychiatrie : évaluation, application aux traitements, conséquences en psychopathologie - Edouard Zarifian [*] - Soigner, enseigner, évaluer ?, Cliniques méditerranéennes n° 71, Ed. Eres, 2005.

En d'autres termes, il est clair que les sciences n'ont rien à dire sur elles-mêmes. Ce sont des humains qui les fabriquent : des savants en l'occurrence, mais aussi des acteurs formatés et engagés dans des interactions intéressées avec leur monde (C. Sorbets).

Cette toile de fond étant posée, l'épistémologie révèle que plusieurs positions sont possibles concernant les rapports des théories avec le réel, autrement dit avec la vérité, les 2 termes étant souvent considérés comme synonymes.

Ces positions se partagent essentiellement entre réalisme et instrumentalisme d'une part, et entre positivisme et constructivisme d'autre part.

A noter que le réalisme est congruent avec le positivisme, et l'instrumentalisme avec le constructivisme, de sorte qu'ils se confondent souvent dans une même théorie.

Plus précisément, le **réalisme** considère que les théories scientifiques sont vraies, c'est-à-dire isomorphes avec le Réel.

A l'opposé, l'**instrumentalisme** considère que les théories ne sont pas vraies mais utiles, ceci laissant place à des théories plurielles.

Par ailleurs, le **positivisme** (Auguste Comte) affirme que toute proposition non réductible à l'énonciation d'un fait observable, n'a aucun sens réel ou intelligible.

Ainsi, le réel est tenu pour le vrai, les observables sont le seul critère du réel, et corolairement, toute métaphysique est dépourvue de sens.

Par conséquent, les réalités psychiques n'ont pas de sens en tant que telles (métapsychologie), mais seulement ramenées à des faits observables (comportementalisme ou behaviorisme). De ce point de vue, l'idéologie des DSM et le comportementalisme (comportements découpés en variables) relèvent d'un positivisme atténué car ils se réfèrent à des observables conventionnelles.

En effet, on fait « comme si » on observe des faits objectifs indépendants de l'observateur, et on dit que l'anxiété c'est ce qu'on mesure, par exemple.

Dans ce même ordre d'idées (positivisme atténué sous un autre angle), Popper considère qu'une théorie scientifique est seulement corroborée, c'est-à-dire qu'elle doit être falsifiable.

Ce critère de démarcation amène ses

successeurs à dénier toute scientificité à la psychanalyse, car ne permettant pas d'expérimentation pouvant la contredire (montrer sa falsifiabilité).

Autrement dit, le protocole expérimental dérivé du positivisme et du projet mathématique du monde (cartésianisme), est le seul protocole scientifique possible dans l'esprit de nombreux chercheurs. Pour Vico[26], ce projet a rempli leur tête des grands mots de «démonstrations», d'«évidences», de « vérités démontrées», etc... les préparant à entrer dans un monde des hommes qui serait composé de lignes, de nombres et de signes algébriques».

Plus encore, le principal reproche qu'on peut faire aux positivistes, c'est de prendre leurs

---

[26] Giambattista Vico (1668-1744) est un philosophe politique italien du 17e-18e S.

modèles pour la réalité de la réalité (P. Zachar), autrement dit de les confondre avec celle-ci.

Par suite, le positivisme présente une tendance hégémonique à tout ramener à un seul pôle explicatif[27] (Max Pagès) et du même coup, à disqualifier tout ce qui n'entre pas dans ce champ.

A l'opposé du positivisme, le **constructivisme** voit dans les théories scientifiques, non pas le résultat d'une observation extérieure et neutre de faits indépendants de la conscience, mais une construction où l'observateur est inclus dans l'observation.

En d'autres termes, nous ne voyons un phénomène que parce que nous disposons d'un système de représentation permettant

---

[27] Celui des observables conventionnelles

d'intégrer le fait observé.

L'observation n'est jamais un constat pur de toute idée préconçue mais le résultat d'un projet, d'une volonté de construction du réel (G. Bachelard).

Autrement dit, c'est la théorie qui détermine ce que nous pouvons observer (A. Einstein), bien qu'elle est construite à partir du réel (le paradoxe n'est qu'apparent).

Autrement dit encore, on n'a pas accès au réel en soi dans une démarche scientifique, mais au réel empirique (B. d'Espagnat).

Dans ces conditions, le constructivisme admet que plusieurs théories peuvent expliquer la réalité[28] avec la même pertinence.

En d'autres termes encore, la sous-détermination des théories par rapport à l'expérience (W. Quine) justifie la

---

[28] Partie expliquée du réel

pluriréférentialité, ceci ne voulant pas dire que tout se vaut, répétons-le.

En effet, des critères positifs et négatifs de démarcation des sciences existent, bien que devant être précisés au niveau des communautés de professionnels, ceux-ci renvoyant aux questions de reconnaissance par les pairs notamment[29].

Pour finir, on remarquera que l'histoire des sciences donne raison aux instrumentalistes et aux constructivistes qui sont les mêmes en général.

Pour preuve, la révolution quantique survenue au 20e S. a montré que contrairement aux idées dominantes, les sciences exactes ou dures (sc. physiques et naturelles) sont elles-mêmes tributaires des

---

[29] L'objectivité scientifique est elle-même constituée par une subjectivité et une intersubjectivité visant à « l'élaboration d'une subjectivité de haut rang ou de réflexion », Paul Ricœur, Histoire et vérité, Seuil, 2001.

théories les constituant.

Ainsi, en établissant que des théories et des lois différentes peuvent répondre aux diverses questions posées par un même objet, autrement dit en révélant la dualité onde-corpuscule de la matière, la physique quantique a donné à l'instrumentalisme et au constructivisme, leur meilleur fondement.

En d'autres termes, indirectement, l'exemple fourni par la physique newtonienne et quantique conforte le bien-fondé de la pluriréférentialité théorique et de l'intégration en psychologie.

En effet, la psychologie intégrative est instrumentaliste et constructiviste, donc pluriréférentielle, par conviction épistémologique autant que par nécessité clinique.

C'est que nous allons voir maintenant plus en détails.

2. Nécessité et intérêt d'un dialogue des disciplines

2.1. Sur le Plan épistémologique et théorique

L'éclectisme est un fait parce qu'il y a un fond commun aux écoles de psychologie, même si généralement elles le méconnaissent ou l'ignorent.

En effet, l'histoire des sciences montre qu'aucune théorie ne surgit ex-nihilo mais que chacune s'inspire des connaissances et idées préexistantes.

Le travail de recherche consiste en grande partie à étudier les théories d'un champ de connaissances et des champs connexes, ceci permettant d'approuver, développer, rapprocher, ou au contraire contester, réfuter, critiquer, etc... des idées ou savoirs, le but étant soit d'améliorer les réponses aux questions se posant dans ce champ, soit de leur apporter d'autres réponses ou encore de soulever de nouvelles questions.

De ce point de vue, une théorie est une construction historisée, mêlant à la fois appropriation, reconstruction et création de savoir(s). C'est dire que les nouvelles théories ne sont pas des purs produits de l'imagination.

Elles s'appuient sur l'acquisition de savoirs dont l'intégration et la métabolisation, pour utiliser une métaphore médicale, permettent des découvertes et des créations, toutes choses nécessitant un énorme travail.

Pour ces raisons, l'approche historique des formations sociales permet de retracer le processus d'émergence des disciplines.

Ainsi, la filiation de la psychanalyse avec les idées de Janet est notoirement connue par exemple. De même, la notion d'inconscient est bien antérieure à Freud.

C'est néanmoins la psychanalyse freudienne qui a institué le paradigme du psychisme, puis contribué à la naissance de la psychologie clinique et des principales écoles de psychothérapie dont les fondateurs sont souvent des psychanalystes ou d'anciens psychanalystes, comme on l'a vu.

Tout cela explique que certains concepts des écoles de psychothérapie contiennent des traces du modèle psychanalytique ou le rappellent plus ou moins clairement suivant les cas.

Par exemple, en affirmant que psychisme et culture sont co-émergents, Devereux a clairement signifié la disjonction entre corps et esprit en même temps que la filiation psychanalytique de son œuvre, d'où le vocable d'ethnopsychanalyse également.

Plus généralement, le psychisme est le fond commun des psychothérapies, même s'il est formalisé différemment dans chaque école.

Cet élément central constitue un niveau de réalité distinct de la matière physique et de la biologie en particulier, raison pour laquelle la psychologie n'est pas une science naturelle. Ainsi, comme l'a fort justement énoncé Piaget, la conscience n'est pas dans le cerveau parce qu'elle ne peut pas s'y situer. En d'autres termes, quel que soit le prestige de l'imagerie médicale, voir le cerveau penser n'est qu'une métaphore poétique[30] (E. Zarifian).

---

[30] Article paru dans Le Monde du 14.04.2004

Pour toutes ces raisons, dès les années 1930, des chercheurs ont travaillé sur les rapprochements et les comparaisons pouvant être faites entre les écoles de psychologie, aux Etats Unis.

Ils ont ensuite créé le mouvement de l'intégration, faisant valoir ainsi qu'il n'y a pas de raison d'ignorer les apports de l'intelligence faisant les richesses de ces écoles.

C'est en effet de ce point de vue éthique que l'intégration trouve sans doute sa plus solide justification.

C'est pourquoi, pour ma part, j'ai étudié les conditions de faisabilité de l'intégration et les formes qu'elle peut prendre, afin d'en préciser le bien-fondé et l'intérêt.

En résumé, la clarification des questions épistémologiques permet de voir que l'intégration peut s'inscrire dans une approche instrumentaliste et constructiviste.

En effet, dès lors que le souci n'est pas savoir quelle théorie est vraie ou quelle école est la meilleure, mais laquelle est mieux adaptée à une problématique donnée ou à un moment donné, on s'aperçoit qu'on peut articuler leurs apports dans un même travail sans difficultés.

En même temps, on passe de l'éclectisme technique à une théorie générale englobant les théories monodisciplinaires.

En effet, du point de vue constructiviste, les théories ne sont pas des décalques du réel mais des instruments constitués d'opérateurs, ceci justifiant leur utilisation conjointe.

Le psychologue est le concepteur et le technicien de cette méthode. Cela dit, le but n'est pas de tout savoir sur tout, mais de disposer d'une boite à outils la plus complète possible donc la mieux adaptée, pour répondre aux attentes et besoins des personnes concernées (patients, clients, élèves,...), autrement dit à des problématiques relevant de différents niveaux de réalité.

A cet égard, la pluridisciplinarité enrichit le travail et potentialise son efficacité, d'autant que chaque école a un domaine de prédilection.

En effet, chacune apporte des grilles de lecture et par suite des outils permettant de traiter des dimensions complémentaires mais distinctes du fonctionnement psychique.

Ainsi, la spécificité de chaque école intéresse la psychologie intégrative en tant qu'approche pluridisciplinaire centrée sur la problématique du sujet.

Il ne s'agit pas de plaquer des techniques préétablies – ce qui s'appelle mettre le patient dans le lit de Procuste - mais de déterminer à chaque étape ou pour chaque dimension d'une problématique, quelle technique est mieux adaptée ou prioritaire par rapport à une autre.

En pratique, cela se réalise en temps réel suivant le matériel apporté par le patient, l'état d'avancement du travail et aussi l'intuition clinique.

Nos patients, clients, élèves etc... ont des attentes et des besoins s'inscrivant dans des ordres de réalités et de priorités différents. Ces attentes et besoins impliquent des possibilités et impossibilités particulières à chaque personne, qu'il s'agit de prendre en compte.

Il faut partir de là - de l'ensemble des paramètres propres à la personne - pour élaborer une stratégie adaptée à la problématique et à l'idiosyncrasie de cette personne.

Cette stratégie résulte d'une co-construction de sens fondant l'alliance thérapeutique, à partir du contre-transfert et du transfert.

En d'autres termes, dans une approche intégrative, l'appareil psychique du psychologue se fait l'auxiliaire de celui du patient en tenant compte de ses besoins, attentes, projets, capacités, limites, etc... tout en restant à l'intérieur du cadre.

L'intervention est instructive car il y a transmission de connaissances mais elle n'est pas nécessairement directive ou prescriptive. Elle est surtout adaptée à la personnalité et à la problématique du sujet, voire à son état d'esprit du moment.

Autrement dit, elle tient pleinement compte des aspects interactionnels du travail et de la relation, rien ne pouvant se faire sans l'implication réelle, donc pleine et entière du patient, client ou élève.

C'est dire l'importance du travail du psychologue et de la congruence de sa posture thérapeutique, notamment.

2.2. Sur le Plan clinique et pratique

2.2.1. Généralités

L'intégration à partir des 4 principales écoles de psychologie ou modèles thérapeutiques amène à travailler avec les opérateurs spécifiques de chacune, outre des facteurs communs.

Les études des facteurs communs sont généralement des études quantitatives montrant que le client (facteur extra-thérapeutique) intervient à 40% dans le changement, la relation thérapeutique à 30%, l'espoir ou effet placebo à 15% et enfin la méthode d'intervention à 15%. Ainsi, selon ces études, le client et la relation thérapeutique sont des facteurs essentiels, tandis que les techniques et modèles thérapeutiques sont de moindre importance. Aucun modèle n'étant supérieur à un autre, ces résultats ne contre-indiquent pas la pluriréférentialité.

Plus encore, les divergences théoriques s'avèrent être de faible importance, bien qu'elles sont les principales causes des divisions et conflits entre écoles.

Ce paradoxe s'explique du fait que ces études portent sur les facteurs communs des psychothérapies envisagées comme des situations pratiques et concrètes, et non comme des théories.

Ainsi, en glissant de la théorie à la pratique, et du thérapeutique à l'extra-thérapeutique, le client, variable indépendante du modèle thérapeutique, devient le facteur commun principal du changement.

De même, la relation thérapeutique identifiée comme second facteur commun plus important, est en grande partie indépendante des modèles utilisés (extra-thérapeutique).

En effet, quel que soit le nom donné à cette relation (alliance thérapeutique, contre-transfert, transfert, etc..), elle relève plus de la compatibilité vs l'incompatibilité des personnalités du patient et du thérapeute, et notamment de leurs systèmes de valeurs, que des modèles et techniques utilisés.

En tout état de cause, pour faire pendant ces études, il convient de rappeler que l'âme des psychothérapies c'est leur théorie, selon l'excellente formule de Tobie Nathan.

A cet égard, il est pertinent d'étudier les rapprochements et les différences pouvant être faits du point de vue des théories, et non pas des situations concrètes ou pratiques des psychothérapies.

Cette investigation m'a amenée à identifier des phases du travail thérapeutique et à répertorier les techniques utilisées dans chaque école, puis à préciser des points communs (analogies) et des différences (oppositions) entre ces techniques, l'objectif étant de les utiliser au mieux dans la pratique intégrative.

Dans ce but, j'ai construit des tableaux restituant les phases et les techniques utilisées par chaque école.

Cela dit, dans le cadre de cet exposé, je donnerai seulement quelques précisions sur les modèles utilisés, sans entrer dans des détails techniques secondaires par rapport à l'intérêt général de l'intégration (voir tableaux dans annexes).

Pour des raisons théoriques également, il est primordial de saisir dans quelles conditions épistémologiques l'intégration est possible, étant donnée l'incompatibilité des théories alléguée par certains auteurs, en particulier. L'identification des paradigmes rendant possible l'intégration, est essentielle pour justifier son intérêt, c'est en partie pourquoi on a passé un moment sur ces questions.

Pour le reste, comme plusieurs auteurs le précisent, l'intégration est un terme parapluie pouvant recouvrir un grand nombre de modèles et de techniques.

Un de ses intérêts essentiels est de permettre à chaque psychologue de concevoir et mettre au point son propre référentiel intégratif, même si comme on l'a vu, cette liberté soulève les questions de la validité des théories utilisées, toutes choses étant à préciser.

En tout état de cause, l'intégration présente

une adaptabilité et un potentiel énorme. Plus qu'une théorie ou une nouvelle école, c'est un chantier permanent du fait de la pluralité des formules où elle peut s'incarner et de l'affinement nécessaire de ces formules.

2.2.2. Intérêt des 4 principaux modèles thérapeutiques

Pour compléter cette partie concernant l'intérêt de l'intégration sur le plan clinique, voici quelques précisions sur les modèles utilisés, afin de mettre en évidence l'intérêt de leur combinaison dans l'intégration.

2.2.i. Le modèle psychanalytique est particulièrement utile dans les problématiques névrotiques (ambivalence, obsessions,...) ainsi que dans certaines inhibitions (légères à moyennes).

La mise en mots des choses (conscientisation des conflits) et la catharsis des émotions sont des techniques de choix pour des sujets perturbés par une problématique œdipienne liée aux relations parentales et familiales, ou à leurs substituts (représentants de la loi ou de l'autorité).

Dans ces cas, offrir un espace de parole à un patient (enfant, adolescent ou adulte), c'est lui offrir l'expérience d'une bonne relation avec un adulte ou un Autre qui ne le juge pas mais l'aide à comprendre le monde, les autres et lui-même, et ainsi à soigner ses symptômes, par l'élaboration et l'épaississement de son préconscient notamment.

Ce travail permet aussi le cas échéant, de libérer des affects refoulés en revisitant l'histoire du sujet et de créer du lien, tout en rendant le monde intérieur et extérieur plus intelligible. Dans certains cas, le dessin et les jeux peuvent aussi être utilisés comme moyens d'expression.

Autrement dit, un enjeu pour le sujet est d'acquérir une meilleure distance et maitrise pulsionnelle, grâce à une relation structurante permettant l'intégration des composantes de sa personnalité.

Il s'agit aussi d'améliorer la disponibilité des ressources psychiques en libérant l'énergie consacrée aux refoulements notamment.

Le travail de mise en mots des choses et d'élaboration dans un espace thérapeutique fait partie du fonds commun des interventions psychologiques.

Les vertus thérapeutiques de la parole constituent le socle des interventions d'aide, ceci ne signifiant pas que tout peut ou doit être dit, contrairement à certaines interprétations erronées de la règle psychanalytique[31].

En outre, du point de vue de l'intégration, l'important n'est pas que la psychanalyse soit

---

[31] D'une part, nul n'est tenu de révéler quoi que ce soit sur lui-même, suivant la règle déontologique, et d'autre part, certains vécus douloureux ou traumatiques nécessitent au contraire de rester enfouis. C'est dire ici que toute forme d'intrusion est à proscrire.

thérapeutique en soi ou par surcroit, mais que la méthode utilisée soit adaptée à la problématique du sujet et à ses capacités, afin de favoriser son bien-être.

Tout cela étant, il faut préciser que l'expression des émotions négatives dans un espace thérapeutique ne les renforce pas, contrairement à ce que pensent les cognitivistes focalisés sur le court terme, notamment.

Au contraire, l'expression de la colère, par exemple, permet par la suite l'émergence d'émotions positives, tandis que le refoulement ou la dénégation entrainent les émotions négatives dans des voies de décharge inattendues ou inappropriées, ceci ne réglant rien et représentant un risque pour le sujet.

Enfin, un travail d'inspiration psychanalytique

est intéressant quand un sujet est aux prises avec ses divisions intérieures, notamment lorsque celles-ci engendrent une culpabilité du fait d'un surmoi sévère ou cruel. Dans ces cas en effet, l'analyse des instances de la personnalité permet une meilleure compréhension donc une meilleure acceptation de soi, en même temps qu'un assouplissement du surmoi et par suite une plus grande sérénité.

2.2.2.ii. Le modèle cognitivo-comportemental permet préférentiellement de travailler sur des objectifs concrets ou sur des projets de vie personnelle, scolaire ou professionnelle, en particulier quand la demande d'aide vise explicitement ces types d'objectifs.

Dans ces cas, on constate souvent que la personnalité du sujet est assez bien intégrée[32],

---

[32] Pas trop clivée, ambivalente ou inhibée

autrement dit qu'il n'y a pas de difficultés relationnelles excessives avec soi-même et autrui, l'Œdipe étant surmonté sans soucis patents la plupart du temps.

En d'autres termes, le modèle cognitivo-comportemental étant surtout pragmatique et non pas psychogénétique, il est bien adapté pour résoudre les difficultés d'une tâche ou d'un programme d'action par un travail direct sur le fonctionnement cognitif, c'est-à-dire sur les interactions (pensées /croyances, émotions, comportements), et sur les distorsions cognitives en particulier, lesquelles rappellent les mécanismes de défense psychanalytiques.

Pour identifier les pensées/croyances, émotions et comportements dysfonctionnels, une co-analyse[33] des difficultés est effectuée,

---

[33] Thérapeutique ou de conseil (la limite est poreuse)

sachant que ces difficultés sont parties constituantes des relations[34] du sujet avec les objets de ses activités.

Dans ce but, différents paramètres (organisation, méthodes, résultats, attitudes, objets...) sont étudiés afin d'éclairer les difficultés ou encore les points pouvant être améliorés.

Au cours de ce travail, les thèmes de l'organisation personnelle, l'affirmation de soi, la gestion des émotions, la prévention et la gestion des conflits en particulier, sont souvent abordés.

Avec une méthode semi-directive centrée sur le présent et l'avenir essentiellement, le travail de restructuration cognitive vise à modifier les raisonnements erronés ou dysfonctionnels, à mieux gérer les émotions

---

[34] Relations objectales : la conscience est la vie de relation.

ou à mettre en place des comportements mieux adaptés, suivant les cas.

Dans ce sens, le contrôle des pensées, l'entrainement aux formulations positives, la conscientisation par le sujet de sa capacité de choisir les mots façonnant ses états d'esprit, attitudes et postures, sont des techniques efficaces pour activer les ressources cognitives permettant d'atteindre les objectifs fixés.

De même, les opérateurs de la psychologie de l'action, tels que les notions de planification, priorités, buts, sous-buts, etc... permettent au sujet de structurer ses pensées et son environnement (en utilisant des outils adaptés notamment) afin d'améliorer ses comportements et les émotions associées, le but ultime étant toujours d'atteindre des objectifs fixés au départ.

Un autre intérêt du modèle cognitivo-comportemental est représenté par les prescriptions de tâches permettant suivant les cas de surmonter des peurs, lever des barrières imaginaires, explorer des modalités d'affirmation de soi, etc...

La technique d'exposition (stress, objet ou situation phobique) fait partie des prescriptions pouvant être utilisées (schéma S-R ou S-R-R).

De même, des techniques de conditionnement opérant (systèmes de récompense/sanction) peuvent être utiles pour obtenir des comportements souhaités ou au contraire inhiber des comportements indésirables (renforcements positifs ou négatifs).

Pour finir, on notera que la notion de gestion de soi et des situations est pertinente dans la mesure où même si le moi n'est pas le maitre dans sa propre maison, selon la célèbre formule freudienne, il joue néanmoins un rôle d'arbitre entre les instances ou alternatives s'offrant à lui dans la plupart des cas (hors les cas psychotiques en particulier).

On peut ainsi comprendre que cette notion ou capacité de gestion ne correspond ni à une illusion, ni à une ambition de maitrise totale, contrairement à ce que certains auteurs affirment.

2.2.2.iii. Le modèle systémique permet d'aborder les pathologies en termes d'interactions et d'intervenir en coopération avec les personnes concernées, lorsqu'elles l'acceptent.

Un intérêt essentiel d'un travail de groupe est de fournir plusieurs éclairages croisés sur une problématique et de saisir la part imputable à d'autres membres du groupe, le cas échéant. A cet égard, la perception qu'a l'entourage de la problématique est souvent essentielle pour la traiter.

En d'autres termes, l'implication des proches enrichit le travail thérapeutique, d'autant plus que suivant ce modèle, le patient est toujours le patient désigné, autrement dit le porteur des symptômes des dysfonctionnements du groupe.

Pour ces raisons, le modèle systémique aborde les questions d'homéostasie groupale et de transactions interpersonnelles (modèles d'interactions). Toutefois, les interactions (relations) du sujet avec lui-même ou une seule autre personne, comme le psychologue par exemple, peuvent aussi être analysées (cf analyse du transfert et du contre-transfert dans la grille psychanalytique).

Par ailleurs, ce modèle basé sur les théories

des systèmes, des jeux et des types logiques, utilise les notions de rétroaction, symétrie, complémentarité, changement de type 1 et 2, boucle de rétroaction, double-contrainte, paradoxe, langage digital, analogique, profil haut et bas, etc... afin de mettre en lumière ce qui dans l'individuel ou le personnel, relève de l'autre, du groupe social ou du collectif.

En effet, toutes ces notions éclairent et permettent de modifier les interactions dysfonctionnelles en prenant en compte les mécanismes qu'elles décrivent.

Dans ce but, comme les autres écoles, le paradigme systémique inventorie des mécanismes pathogènes ou inadaptés, en référence explicite ou non à des modalités adaptées.

Il permet de conscientiser l'intersubjectivité du psychisme et l'interdépendance des comportements (attitudes, pensées, langage etc...) ainsi que les niveaux logiques des interactions (tout/parties, digital/analogique, réalités de premier et second ordre, etc...). Tout cela constitue une dimension importante du travail thérapeutique contribuant notamment à responsabiliser les acteurs du système familial ou social.

Enfin, par son épistémologie constructiviste, le modèle systémique autorise une lecture pluriréférentielle des comportements, ainsi qu'un éclectisme technique dont font partie les prescriptions de tâches, jeux de rôles, etc....

Dans ce cadre, comme dans l'approche intégrative, l'intuition clinique permet de choisir le langage et les opérateurs adaptés à une problématique globale ou partielle, afin de formuler des propositions appropriées pour obtenir les changements souhaités.

A ce titre, l'école systémique est intégrative avant la lettre en quelque sorte.

2.2.2.iiii. L'ethnopsychanalyse ou ethno-psychiatrie, enfin, éclaire puissamment les problématiques culturelles et d'affiliation groupale.

Ces problématiques sont saisies dans le langage de la communauté d'appartenance du patient, client ou élève, celui-ci incluant notamment les coutumes, croyances et entités propres à chaque culture ou ethnie, autrement dit des opérateurs adaptés au psychisme du sujet, et opérationnels pour cette raison.

Il s'agit essentiellement d'intégrer ou de réintégrer la problématique du patient dans son groupe d'origine qui est sa matrice culturelle, ceci au moyen d'un débat contradictoire auquel chacun(e) peut contribuer de manière horizontale, c'est-à-dire non hiérarchisée.

Tout cela vise à obtenir une efficacité thérapeutique maximale, et évite d'arracher le sujet à sa culture d'origine (T. Nathan) comme c'est le cas dans la psychiatrie classique en particulier.

L'expertise est distribuée entre les membres du groupe (famille et cothérapeutes), la famille et le patient détenant leur propre expertise des problèmes ou de la pathologie, c'est pourquoi ils sont amplement sollicités pour en parler et leurs propos sont pris en considération avec le plus grand sérieux.

Dans ces dispositifs, des cothérapeutes de même origine ethnique facilitent le travail thérapeutique avec des éclairages complémentaires et synergiques.

Enfin, la coexistence de plusieurs théories chez les thérapeutes permet de coordonner différents types de traitements autant que de besoin.

2.2.3. Conclusion

Comme on l'a évoqué, les modèles cités apportent de nombreux opérateurs et techniques (méthodes) pour traiter les problématiques rencontrées.

Le psychologue utilisant une approche intégrative dispose ainsi d'un très large éventail d'outils pour faire du travail sur mesure, suivant les problématiques, les patients rencontrés, ses options théoriques et sa sensibilité.

L'intégration est en effet un mot valise pouvant contenir de nombreuses combinaisons d'outils et méthodes.

Ces combinaisons offrent le plus large choix pour traiter les problématiques personnelles ou groupales en fonction des caractéristiques et des possibilités de chaque patient.

Autrement dit et ce sera le mot de la fin, en

ne s'embarrassant pas de dogmes ou de règles immuables, autrement dit en choisissant la pluriréférentialité, l'intégration laisse toute latitude au psychologue pour appliquer son art et imaginer des scénarios adaptés aux cas lui étant confiés.

ANNEXES

TECHNIQUES PSYCHOTHERAPEUTIQUES

PHASE I - VERBALISATION / RECUEIL D'INFORMATIONS

	PSYCHANALYSE - P.I.P. *INDIVIDUEL (GROUPAL)*	PSYCHOLOGIE COGNITIVO-COMPORTEMENTALE *INDIVIDUEL (GROUPAL)*	APPROCHES SYSTEMIQUES *GROUPAL (INDIVIDUEL)*	ETHNOPSYCHIATRIE *GROUPAL*
1	Libre association (cure-type) Exposé/ Définition/ Exploration de la situation-problème ou des difficultés (PIP)	Exposé/ Définition/ Exploration des difficultés ou de la situation-problème	Exposé/ Définition/ Exploration des difficultés ou de la situation-problème	Exposé/ Définition/ Exploration des difficultés ou de la situation-problème
2	Mise en mots des choses souvenirs et évènements revisités de la vie psychique contraintes internes et externes ("wo es war soll ich werden")	Analyse fonctionnelle : Quoi ? Quand ? Comment ? Anamnèse et Catamnèse	Anamnèse (recueil d'informations sur l'histoire et l'actualité des troubles ou de la maladie) et Catamnèse (compréhension, longitudinale du développement des symtômes, problèmes ou difficultés)	Reconstitution de l'histoire des troubles/Etude de leurs modalités au long de cette histoire (Anamnèse et Catamnèse)
3	Extériorisation, mise à distance induisant un dégagement du sujet et produisant un effet de maîtrise imaginaire et symbolique (le mot est le meurtre de la chose)	Mise au jour/Révélation des registres (verbal, émotionnel, comportemental) et de leurs rapports	Mise au jour/Révélation des interactions entre les membres du groupe, des positions et des rôles tenus par chacun vis à vis des autres	Mise au jour/Révélation du sens actuel et traditionnel (les membres du groupe sont mis en position d'expertise)
4	Mise au jour/Révélation de l'organisation et du fonctionnement psychique en termes de représentation/différenciation de soi, et de relations d'objet	Mise au jour/Révélation des croyances irrationnelles et des schémas dysfonctionnels	Mise au jour/Révélation des interactions et patterns dysfonctionnels (paradoxes, langage analogique vs langage digital, niveau générationnel vs transgénérationnel...)	Mise au jour/Révélation des forces en présence, des objets culturels en cause et des enjeux de la situation

PHASE II - ELABORATION / NEGOCIATION DU SENS

	PSYCHANALYSE-PIP	PSYCHOLOGIE COGNITIVO-COMPORTEMENTALE	APPROCHES SYSTEMIQUES	ETHNOPSYCHIATRIE
1	Analyse/Elaboration des désirs et des fantasmes.	Analyse (déconstruction)/Elaboration (Co-construction) du sens des évènements et des faits	Analyse/Elaboration des modèles et des règles de communication (connexions, feed back, causalité circulaire, autohétéro-référentialité...).	Analyse/Elaboration des objets et des théories dans lesquelles les patients pensent, sont ou ont été pensés.
2	Analyse/Elaboration des défenses et des résistances	Analyse/Elaboration des schémas (patterns), représentations et comportements inappropriés	Analyse/Elaboration des positions interactionnelles (autonomie/aliénation,position basse /position haute, complémentarité/symétrie, impasses relationnelles, compétition,...)	Analyse/Elaboration des interactions, des mécanismes de fonctionnement du groupe et des êtres impliqués
3	Accès à la vérité des affects/pulsions (amour/haine, désir-frustration/plaisir-satisfaction) et aux aires conflictuelles	Analyse/Elaboration des croyances ou des postulats erronés, des erreurs de raisonnement et des comportements inadaptés	Analyse/Elaboration des stratégies et des tactiques communicationnelles (alliances, coalitions, désignation, injonctions, assignation de rôles, disqualification, double bind...)	Analyse/Elaboration des intentionnalités, des stratégies d'influence, des procédures,...
4	Analyse/Elaboration des répétitions établissement de liaisons entre le passé et le présent, éclairant les déficits de la maîtrise	Analyse/Elaboration des interactions dysfonctionnelles (pensées/affects/comportements)	Analyse/Elaboration des mythes familiaux (transmissions, frontières générationnelles, comptes, loyautés, mérites, dons, dettes,....)	Analyse/Elaboration des affiliations, des étiologies traditionnelles,
5	Avènement d'une parole pleine reconnaissance et prise de conscience de la conflictualité intrapsychique	Elaboration/Suggestion de pensées et de croyances rationnelles substitutives des anciennes	Analyse/Elaboration des patterns dysfonctionnels et des interactions (paradoxes, langage analogique vs langage digital, feedback...), des comportements déclencheurs	Analyse/Elaboration des forces en présence et de leur impact dans le "pathos"
6	Intégration des expériences (imaginaires ou réelles) dans le registre symbolique, réalisant l'intégration de la personnalité	Elaboration/Suggestion d'alternatives et de solutions (dialogue socratique....)	Elaboration/Suggestion d'hypothèses cybernétiques et abduction (élaboration des hypothèses les plus probables, non démenties par les faits)	Elaboration/Suggestion de propositions pré-diagnostiques Explicitation et discussion des postulats

89

PHASE III - STRATEGIE THERAPEUTIQUE

	PSYCHANALYSE-PIP	PSYCHOLOGIE COGNITIVO-COMPORTEMENTALE	APPROCHES SYSTEMIQUES	ETHNOPSYCHIATRIE
1	Identification/intégration des instances permettant une meilleure gestion de l'ambivalence pulsionnelle et de la conflictualité intra-psychique	Confrontation des pensées dysfonctionnelles ou incompatibles entre elles et avec des représentations plus adaptées.	Recadrage des problèmes : redéfinition/réévaluation des faits, des rôles, des attentes, des mérites, des dettes, des missions, des loyautés,…	Travail sur ou avec les objets, les forces et les théories en présence via la recherche des attachements anciens et prise en compte des traditions
2	Remémoration permettant la disparition des symptômes par catharsis et abréaction des émotions, via la levée des refoulements	Désensibilisation (déconditionnement) par alternance d'exposition aux situations/problèmes (en imagination et/ou in vivo) et de relaxation	Modification des modalités de communication par suggestion directe ou indirecte (désignation/disqualification vs mécanismes régulateurs, positions symétriques vs complémentaires,…)	Désactivation des traces parasites à partir d'un récit des événements, de la reconstruction de leur déroulement, de la recherche des motifs jusqu'à obtenir un récit dynamique
3	Interprétation du désir, de la résistance et du transfert, permettant les prises de conscience (insights) et l'assomption des faits psychiques (perlaboration).			
4	Transformation des rapports du moi, du ça et du surmoi, dont remplacement du refoulement automatique par une répression modérée et consciente	Recherche d'inférences appropriées, suggestion, recherche et mise au point de stratégies d'ajustement (contrôle des pensées,…)	Techniques de recherche de solutions pragmatiques, résolution de problèmes (conflits de pouvoir,…) Induction de changements de type I ou II	Déconstruction contradictoire du pathos par les membres du groupe (dont les co-thérapeutes), mis en position d'expertise
5	Remplacement des mécanismes inadaptés (clivage, déni, dénégation, rationalisation, projection…) par des mécanismes évolués (élaboration, dialectisation, sublimation…)	Restructuration cognitive : correction des distorsions (inférences arbitraires, pensée dichotomique, généralisations, exagération du risque, abstraction sélective…)	Restructuration stratégique de l'homéostasie par renforcement /attaque /alliance avec le symptôme, avec 1 membre du groupe, paradoxes thérapeutiques…	Mise en acte de la théorie traditionnelle comme moteur de l'influence produisant des insights à partir du dégagement d'opérateurs thérapeutiques
6	Ré-aménagement/reconstruction de l'organisation psychique et de ses modes de fonctionnement, via la reconnaissance de l'inconscient.	Apprentissage de comportements (conditionnement classique et opérant, shaping, modeling, jeux de rôles) et de Techniques de résolution de problèmes (hiérarchisation de buts et de sous-buts, segmentation de la difficulté…)	Suppression des désignations par l'atténuation des aspects pathologiques des interactions, Modification/Rééquilibrage de l'homéostasie dans le sens de l'autonomie des (sous-)systèmes	Elaboration de modalités d'être qui ne coupent pas des affiliations constitutives de l'identité
7		Prescription de tâches et d'actions	Prescription de tâches, d'actions, de rituels, de symptôme,…	Propositions thérapeutiques de tâches, d'actions, de rituels,

Bibliographie

Aymé J., Lantéri Laura G., Thurin M., Caroli F., Psychiatrie, Encyclopédie Universalis, 2004.

Binswanger Ludwig,
Analyse existentielle et psychanalyse freudienne. Discours, parcours et Freud. Paris : Gallimard, coll. Tel, 1970

Bourdieu Pierre, Sur la télévision, Ed. Raisons d'agir, 1996.

Granger Gilles Gaston, Epistémologie, Encyclopédie Universalis, 2004.

Kupiec Jean Jacques, Retour vers le phénotype - Les gènes existent-ils ?, le vivant, Ed. JM Brohm, Prétentaine, Univ. Montpellier III (263-266).
http://www.psychologue--paris.fr/textes/les-genes-existent-ils.pdf.

Legendre Pierre, La Fabrique de l'homme occidental, Ed. Arte, 2000.

Ricœur Paul, Histoire et vérité, Seuil, 2001.

Roudinesco Elisabeth, Le cerveau psychique, Le Monde, 08.04.05.

Valéry Paul, Tel quel, Gallimard, 1996.

Widlöcher Daniel, Les nouvelles cartes de la psychanalyse, Ed. O. Jacob, 1996, p.217.

Zarifian Edouard, Le déni du psychisme dans la psychiatrie contemporaine, Psychiatrie Française, 1999, vol.30, n°1.

Zarifian Edouard, Quantification des symptômes en psychiatrie: évaluation, application aux traitements, conséquences en psychopathologie - [*] - Soigner, enseigner, évaluer ?, Cliniques méditerranéennes n° 71, Ed. Eres, 2005.